BEI GRIN MACHT SICH IHR WISSEN BEZAHLT

- Wir veröffentlichen Ihre Hausarbeit, Bachelor- und Masterarbeit
- Ihr eigenes eBook und Buch - weltweit in allen wichtigen Shops
- Verdienen Sie an jedem Verkauf

Jetzt bei www.GRIN.com hochladen und kostenlos publizieren

Bibliografische Information der Deutschen Nationalbibliothek:

Die Deutsche Bibliothek verzeichnet diese Publikation in der Deutschen Nationalbibliografie; detaillierte bibliografische Daten sind im Internet über http://dnb.d-nb.de/ abrufbar.

Dieses Werk sowie alle darin enthaltenen einzelnen Beiträge und Abbildungen sind urheberrechtlich geschützt. Jede Verwertung, die nicht ausdrücklich vom Urheberrechtsschutz zugelassen ist, bedarf der vorherigen Zustimmung des Verlages. Das gilt insbesondere für Vervielfältigungen, Bearbeitungen, Übersetzungen, Mikroverfilmungen, Auswertungen durch Datenbanken und für die Einspeicherung und Verarbeitung in elektronische Systeme. Alle Rechte, auch die des auszugsweisen Nachdrucks, der fotomechanischen Wiedergabe (einschließlich Mikrokopie) sowie der Auswertung durch Datenbanken oder ähnliche Einrichtungen, vorbehalten.

Impressum:

Copyright © 2017 GRIN Verlag, Open Publishing GmbH
Druck und Bindung: Books on Demand GmbH, Norderstedt Germany
ISBN: 9783668490116

Dieses Buch bei GRIN:

http://www.grin.com/de/e-book/369205/der-durchbruch-der-nachhaltigen-landwirtschaft-in-deutschland-zwischen

Anonym

Der Durchbruch der nachhaltigen Landwirtschaft in Deutschland zwischen 1960-2010. Eine kurze Analyse

GRIN Verlag

GRIN - Your knowledge has value

Der GRIN Verlag publiziert seit 1998 wissenschaftliche Arbeiten von Studenten, Hochschullehrern und anderen Akademikern als eBook und gedrucktes Buch. Die Verlagswebsite www.grin.com ist die ideale Plattform zur Veröffentlichung von Hausarbeiten, Abschlussarbeiten, wissenschaftlichen Aufsätzen, Dissertationen und Fachbüchern.

Besuchen Sie uns im Internet:

http://www.grin.com/

http://www.facebook.com/grincom

http://www.twitter.com/grin_com

Universität Stuttgart
Institut für Sozialwissenschaften
Abteilung für Organisations- und Innovationssoziologie (VI)
Seminar: Theoretische Perspektiven und
Anwendungsfelder der Innovationssoziologie
Wintersemester 2016/2017

Kurze Analyse des Durchbruchs der nachhaltigen Landwirtschaft in Deutschland (1960-2010) unter Einbeziehung der Multi-Level Perspective

vorgelegt von:
Cora-Nadine Laux

B.A. Sozialwissenschaften/3

30.03.2017

Inhaltsverzeichnis

Tabellen- und Abbildungsverzeichnis...	2
Abkürzungsverzeichnis..	3
1. Einleitung...	3
2. Multi-Level Perspective...	4
3. Nachhaltige Landwirtschaft..	5
3.1. Unterschiede zur konventionellen/industriellen Landwirtschaft.....	5
4. Die Veränderung der konventionellen und die Fortschritte der nachhaltigen Landwirtschaft...	6
4.1. Phase 1 - Ökologische Konflikte führen zu einer Periode des Zuwachses nachhaltiger Landwirtschaft (1960-1989).........	6
4.2. Phase 2 – Der Schritt aus der Nische (1990-1999)...................	7
4.3. Phase 3 – Reformierung & Stabilisierung (2000-2010)..............	9
4.4. Einbeziehung der drei Phasen in die MLP	
4.4.1. Phase 1 (1960-1989)...	10
4.4.2. Phase 2 (1990-1999)...	11
4.4.3. Phase 3 (2000-2010)...	11
5. Persönliches Fazit..	12
Literaturverzeichnis...	13

Tabellen- und Abbildungsverzeichnis

Tabelle 1:	Unterschiede der nachhaltigen zur konventionellen Landwirtschaft...	6
Abbildung 1:	Grundmodell Multi-Level Perspective...............................	5
Abbildung 2:	Ökoanbaufläche (Hektar) in Deutschland von 1996 –1999.....	9
Abbildung 3:	Anzahl der landwirtschaftlichen Ökobetriebe in Deutschland von 1996-1999...	9
Abbildung 4:	Ökoanbaufläche (Hektar) in Deutschland von 2000-2010.......	10
Abbildung 5:	Anzahl der landwirtschaftlichen Ökobetriebe in Deutschland von 2000-2010...	10

Abkürzungsverzeichnis

AGÖL = ArbeitsGemeinschaft Ökologischer Landbau

ANOG = Arbeitsgemeinschaft für naturgemäßen Obst- und Gemüsebau

BIOLAND = Organisch-biologischer Landbau

BÖLW = Bund der ökologischen Lebensmittelwirtschaft

IFOAM = Internationale Vereinigung ökologischer Landbaubewegungen

MLP = Multi-Level Perspective

SÖL = Stiftung Ökologie und Landbau

1. Einleitung

In unserer heutigen Gesellschaft spielt die Ernährung eine große Rolle, Sie beeinflusst die Lebensweise eines jeden Menschen grundlegend und greift damit in fast alle Aspekte des Lebens mit ein. Dies wird u.a. durch die, fast alltägliche, Konfrontation mittels der Medien mit diesem Thema deutlich. Das geschieht in den unterschiedlichsten Facetten, sei es in Form von Nachrichten in denen es um den Hunger in der dritten Welt oder einen neuen Lebensmittelskandal geht, oder in Unterhaltungssendungen in welchen nebenbei Werbung für eine schnellwirkende Diät gemacht wird. Das Thema Ernährung ist damit allgegenwärtig. Es spricht jeden Menschen existentiell an. Der momentane Wandel unserer Gesellschaft hin zu einem besseren Bewusstsein für die Umwelt und einem gesunden, „grünen" Lebensstil ist kaum übersehbar. Jeder Supermarkt hat, anders als noch vor zehn Jahren, eine große Auswahl an vegetarischen und veganen Produkten in sein Sortiment aufgenommen und sogar große Fastfood-Ketten werben mit Bio-Produkten.
Gemeinsam mit dieser gesellschaftlichen Veränderung der Esskultur, verändert sich auch z.T. die Art der Lebensmittelproduktion. Die industrialisierte konventionelle Landwirtschaft wird von nachhaltigen Landwirtschaftskonzepten abgelöst. Dies geschieht zwar nicht vollständig, jedoch weiten sich diese Konzepte, die zu Beginn nur von kleinen Gruppierungen angenommen worden waren, immer mehr aus. Das Ziel nachhaltiger Landwirtschaft ist es, tiergerechter und umweltschonender als die konventionelle, gesunde Lebensmittel herzustellen.
In dieser Ausarbeitung soll dieser Wandel unter Einbezug der MLP genauer betrachtete werden. Es wird untersucht, ob eine Einordung in die MLP unternommen werden kann, wie es zum Durchbruch dieser Landwirtschaftskonzepte gekommen ist und ob diese als eine erfolgreiche Innovation betrachtet werden kann.

Zunächst wird die Multi-Level Perspective oberflächlich mit ihren konzeptionellen Level erläutert. Im nächsten Abschnitt wird näher auf die nachhaltige Landwirtschaft und die Unterschiede zur konventionellen eingegangen um diese besser zu verstehen. Daraufhin wird der Prozess der nachhaltigen Landwirtschaft, bis zur Etablierung in das bestehende Regime in drei Phasen genauer betrachtet. Diese drei Phasen werden, aufbauend darauf, in das Modell der MLP eingeordnet.

In wissenschaftlichen Ausarbeitungen habe ich keine Hinweise darauf gefunden, dass die MLP bereits auf diesen Prozess angewendet wurde. Es gibt jedoch zahlreiche Debatten über die Vor- und Nachteile der verschiedenen landwirtschaftlichen Konzepte und Abhandlungen über den geschichtlichen Verlauf dieser Veränderungen. Anhand dieser werde ich mich in der folgenden Arbeit orientieren.

Der Einfachheit halber, wird der Begriff „nachhaltig" in dieser Ausarbeitung mit den Begriffen „ökologisch" und „biologisch" gleichgesetzt.

2. Multi-Level Perspective

Die MLP ist, laut Geels, von drei konzeptionellen Levels gekennzeichnet.

- Soziotechnologische Landschaft (Makro-Level):
  Exogene Umwelt, die hinter dem direkten Einfluss der Akteure steht; beeinflusst sowohl Dynamiken in Regimen als auch Nischen (z.B. Wirtschaftliches Wachstum, politische Koalitionen, kulturelle/normative Werte usw.)
- Soziotechnisches Regime (Meso-Level):
  Netz aus etablierten Regelungen, Handlungen und Verflechtungen; Akteure sind in die Regime eingebettet; Tief strukturierte Regelungen die die Wahrnehmungen und Handlungen der Akteure koordinieren
- Nischen (Mikro-Level):
  Ort an dem sich Neuerungen ungestört vom ‚Mainstream-Markt' und äußeren Einwirkungen entwickeln können

Nach Geels entstehen System-Innovationen durch das Zusammenspiel verschiedener Prozesse auf den unterschiedlichen Levels. Eine radikale Innovation entwickelt sich in Nischen, oftmals außerhalb der Reichweite von existierenden Regimen, unterstützt von kleinen unsicheren Netzwerken (vgl. Geels 2002: 1260ff.).

In Abbildung 1 ist der Prozess dargestellt, den eine Neuerung durchlaufen kann. Sie scheitert entweder oder etabliert sich im bestehenden Regime bzw. strukturiert dieses um.

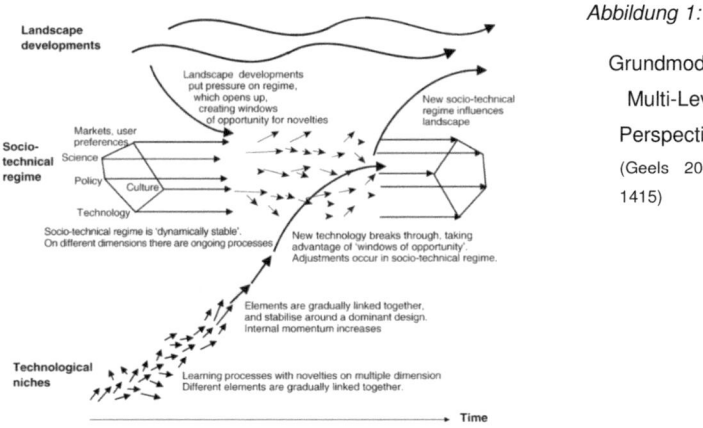

Abbildung 1:

Grundmodell Multi-Level Perspective

(Geels 2007: 1415)

3. Nachhaltige Landwirtschaft

Es gibt zahlreiche sehr unterschiedliche Definitionen von Nachhaltigkeit und nachhaltiger Landwirtschaft in der wissenschaftlichen Diskussion. Die meisten stimmen jedoch in sechs wesentlichen Punkten überein (vgl. Christen 1996: 69ff.):

- Verantwortung für zukünftige Generationen (ethnischer Aspekt)
- Schutz und Schonung von Ressourcen
- Vorbeugung gegenüber Störungen von Ökosystemen durch die landwirtschaftliche Nutzung
- Vergewisserung darüber, dass die Betriebe ökonomisch existenzfähig sind
- Verantwortung gegenüber der Gesellschaft über Nahrungsqualität und –versorgung
- Globale Aspekte ökonomischer Entwicklung

Im Folgenden werden die grundlegenden Unterschiede zur konventionellen Landwirtschaft erläutert.

3.1. Unterschiede zur konventionellen/industriellen Landwirtschaft

Christen und O´Halloran-Wietholtz erläutern Indikatoren für eine nachhaltige Landwirtschaft und stellen diese der konventionellen gegenüber. Um einen kurzen Überblick zu verschaffen sind die wichtigsten in der anschließenden Tabelle (1) aufgelistet:

	Nachhaltige/Biologische Landwirtschaft	Konventionelle Landwirtschaft
Fruchtfolge	Natürliche Bodenfruchtbarkeit soll ausreichen, landwirtschaftliche Erträge zu sichern	Berücksichtigung natürlicher Faktoren und Marktnachfrage; chemisch-synthetische Hilfsstoffe
Düngung	Organisch/Mineralisch	Organisch/Mineralisch
Pflanzenschutz	Mikroorganismen, natürliche Insektizide, mechanische Verfahren	Chemisch-Synthetisch/Natürlich
Tierhaltung	Verbot von Vollspaltenböden/ Gesetzliche Tierschutzbestimmungen	Gesetzliche Tierschutzbestimmungen
Tierfutter	Ausschließlich nach Regeln des ökologischen Landbaus erzeugte Futtermittel	Getreide/in der Landwirtschaft erzeugte Futtermittel

Tabelle 1: Unterschiede der nachhaltigen zur konventionellen Landwirtschaft
(vgl. Christen/O'Halloran-Wietholtz 2002: 43ff. – eigene Darstellung)

Bei der ökologischen Landwirtschaft kommt es dabei zu einem erhöhten Qualitätsrisiko, geringeren Erträgen und steigenden Produktionskosten (vgl. Dieke/Pallutt/Melander/Christen 2008: 198).

4. Die Veränderung der konventionellen und die Fortschritte der nachhaltigen Landwirtschaft

Die Anfänge der modernen nachhaltigen Landwirtschaft liegen bereits in den 1920ern (vgl. Willer/Schmid 2016: 22). Seit diesen Jahren entwickelte er sich jedoch über lange Zeit ausschließlich in Nischen und wurde von der Gesellschaft kaum angenommen. Die Wahrnehmung durch die allgemeine Bevölkerung begann erst, als sich einige Verbände zusammenschlossen und später in den 1990ern EU-Bestimmungen festgesetzt wurden.

4.1. Phase 1 - Ökologische Konflikte führen zu einer Periode des Zuwachses nachhaltiger Landwirtschaft (1960-1989)

Gegen Ende der 1960er Jahre wurden die negativen Auswirkungen der industrialisierten Landwirtschaft deutlich. Aus diesem Anlass wurde, laut Willer und Kollegen, eine der bis heute wichtigsten Stiftungen gegründet, die Stiftung Ökologie und Landbau (SÖL). Zudem gründeten sich mehrere Erzeugerverbände, unter anderem 1971

BIOLAND, welcher die meisten Mitglieder verzeichnen konnte (vgl. Willer/Lünzer/Haccius 2002: 9). Die meisten Verbände wurden vor allem gegründet, um deutlich zu machen, dass es auch mit einer ökologischen und nachhaltigen Anbauweise möglich ist erfolgreich zu wirtschaften (vgl. Willer/Lünzer/Haccius 2002: 10f.). Laut Vogt, kam es durch Maßnahmen der SÖL 1984 dazu, dass einige Verbände allgemeine Rahmenbedingungen festlegten. Zu diesen Verbänden gehörten ANOG, BIOKREIS, BIOLAND, ECOVIN, der DEMETER-BUND, NATURLAND und OSTBAYERN. Aus diesem gemeinsamen Schritt resultierte, dass 1988 ein Dachverband deutscher Verbände, die AGÖL, gegründet wurde (vgl. Vogt 2000: 274f.). Zu dieser Zeit kam es auch dazu, dass noch andere Verbände den Rahmenbedingungen zustimmten und in den Dachverband eintraten (vgl. Schaumann/Siebeneicher/Lünzer 2002: 66). Mittlerweile spielt die IFAOM (gegründet 1972) die bedeutendste Rolle. Durch die von ihr geschaffenen Richtlinien war es möglich europaweite Bestimmungen für die nachhaltige Landwirtschaft zu schaffen und die zahlreichen Verbände zu koordinieren (vgl. Schaumann/Siebeneicher/Lünzer 2002: 69f.). 1989 wurden staatliche Fördermaßnahmen ins Leben gerufen. Das Programm wurde als EG-Extensivierungsprogramm bezeichnet (vgl. Vogt 2000: 276).

Die Zeit zwischen 1960 und 1990 ist als die zu sehen, in welcher die nachhaltige Landwirtschaft begann eine Richtung festzulegen. In den 1970er Jahre gründeten sich in vielen Orten Naturkostläden und auch größere Firmen und Großunternehmen die sich auf die Arbeit mit biologischen Produkten spezialisierten (vgl. Willer/Schmid 2016: 23). Durch die Gründung zahlreicher Verbände wurde das Konzept unterstützt und vorangetrieben und bekam die Möglichkeit sich in Nischen weiterzuentwickeln. Zu dieser Zeit wurden die ‚Anhänger' der ökologischen Landwirtschaft von den größten Teilen der Gesellschaft als Hippies und haltlose Weltverbesserer abgetan (vgl. Oppermann 2001: 19).

4.2. Phase 2 – Der Schritt aus der Nische (1990-1999)

Nach Ende der 80er Jahre bekam die nachhaltige Landwirtschaft starken Zulauf. Es fanden verschiedene Vorgänge der internen Strukturierung und Organisation statt, was zu professionelleren Grundlagen und einer Öffnung in den politischen Bereich hin führte. Landwirtschaftliche Institutionen etablierten sich damit in der Gesellschaft und der Politik. Oppermann schreibt, dass der größte Erfolg der ökologischen Landwirtschaft in der Institutionalisierung das Fußfassen in der Agrarwissenschaft und im landwirtschaftlichen Ausbildungssystem war. Nachdem bereits 1981 der weltweit erste Lehrstuhl für „Methoden des alternativen Landbaus" an der Universität in Witzenhausen eingerichtet wurde, bot dieselbe Universität ab dem Wintersemester

1995/96 erstmalig einen neuen Diplomstudiengang „Ökologische Landwirtschaft" an (vgl. Oppermann, 2001: 18).

Die 90er Jahre können als die Zeit gesehen werden, in der die ökologische Landwirtschaft weitreichende gesellschaftliche Anerkennung erlangte und sich aus ihrer Nische bewegte (vgl. Oppermann 2001: 15). Diese Phase ist durch europäische Zusammenarbeit und staatliche Förderung geprägt. Auch landwirtschaftliche Kreise begannen sich deutlich positiver als zuvor darüber zu äußern. Es wurde offenbar, dass in diesen Jahren die nötigen Veränderungen stattgefunden hatten um die öffentliche Wahrnehmung zu verbessern. Wie bereits erwähnt, wurde nachhaltige Landwirtschaft in den Jahren zuvor eher abschätzig abgetan und als esoterischer Irrweg diffamiert. Dies geschah, obwohl seine Geschichte sich schon durch viele Jahrzehnte zog, bis in die achtziger Jahre. Oppermann gibt an, dass er politisch als Subkultur, linksalternativ und wertkonservativ angesehen wurde. Zu diesem Image hatte bis jetzt beigetragen, dass Institutionen der industriellen Landwirtschaft diese neuere nachhaltige Art des Landbaus stark ausgrenzten (vgl. Oppermann 2001: 19ff.). Doch durch die Fortschritte in diesem Bereich in den 1990ern konnten sich viele Konzepte nachhaltiger Landwirtschaft in Deutschland in den nächsten Jahren gut verbreiten. Dazu trugen verschiedene politische Initiativen, die in diesem Zeitraum getätigt wurden, bei. Die wichtigsten sind die EG-Verordnungen (jetzt EU) von 1991 1993 und 1999 (vgl. Haccius/Schmidt 2013: 17). Mit diesen Verordnungen zum ökologischen Landbau wurde der Handel mit Bioprodukten geregelt, indem Ausdrücke wie ‚organisch', ‚ökologisch' und ‚biologisch' für landwirtschaftliche Erzeugnisse definiert wurden (vgl. Haccius/Schmidt 2013: 17). Durch diese Festlegungen werden bis heute Konsumenten vor unehrlichem Wettbewerb geschützt. Alle Produkte die in einem EG-Land erzeugt werden müssen seitdem den Vorgaben dieser Verordnungen entsprechen um als ‚biologisch' vermarktet werden zu können. In der BRD fällt die Einhaltung dieser Standards in den Zuständigkeitsbereich der Länder (vgl. Haccius/Schmidt 2013: 15). Laut Willer weiteten sich nach der Wiedervereinigung die nachhaltig bewirtschafteten Flächen schnell auf die neuen Bundesländer aus. Die Vermarktung der so hergestellen Produkte gestaltete sich dort jedoch schwerer, da bis dahin dort keine Bio-Produkte bekannt waren (vgl. Willer/Lünzer/Haccius 2002: 23). Im Jahr 1995 sagt ein Bauer, der auf ökologische Landwirtschaft umgestellt hat: „im Moment bin ich zwar noch der einzige Bioland-Bauer im Dorf, aber ich werde von allen akzeptiert und die Hoffnung, daß ich über kurz oder lang einige meiner konventionellen Kollegen vom ökologischen Landbau überzeugen kann bestärkt mich in meiner Arbeit" (Bioland nach Oppermann 2001: 15). Diese Aussage steht für das, was auch die Statistik zur nachhaltigen Landwirtschaft in dieser Zeit aussagt. Nach Oppermann lag die Zahl der ökologisch bewirtschafteten landwirtschaftlichen Betriebe 1973 noch bei 250. Über die 1980er Jahre hinweg war nur ein leichter Anstieg zu vermessen und in den 1990ern ‚boomte' der nachhaltige Landbau regelrecht. Im Jahr 1999 lag die Zahl der ökologisch bewirtschafteten Agrarbetriebe bei 7147 (vgl. Oppermann 2001: 15f.). Allerdings sind in dieser Zahl nur die Betriebe eingefasst, die Mitglied in einem der Verbände des Dachverbands AGÖL waren. Deshalb übersteigt die tatsächliche Zahl die angegebene noch deutlich, wie in Abbildung 3 zu sehen ist. In den folgenden Abbildungen sind die Ökoanbaufläche und die Zahlen aller ökologischen Agrarbetriebe in Deutschland ab 1996 bis 1999 erfasst. Der Zuwachs in den 1990ern ist markant. Es ist ersichtlich, dass ein stärkerer Anstieg zu vermerken ist, je näher das Jahr 2000 rückt. Darauf wird im nächsten Abschnitt eingegangen.

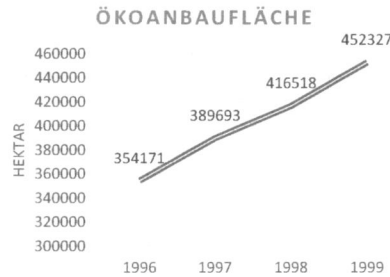

Abbildung 2: Ökoanbaufläche (Hektar) in Deutschland von 1996-1999 (Ökolandbau.de 2015: o.S. – eigene Darstellung)

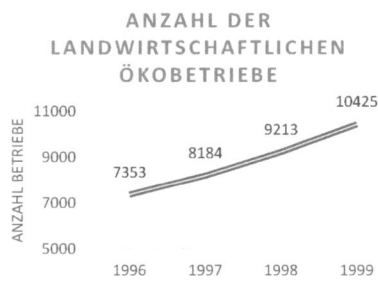

Abbildung 3: Anzahl der lanwirtschaft- -lichen Ökobetriebe in Deutschland 1996-1999 (Ökolandbau.de 2015: o.S. – eigene Darstellung)

4.3. Phase 3 – Reformierung & Stabilisierung

Nach der Jahrtausendwende war der Dachverband AGÖL gezwungen seine organisatorischen Strukturen zu verändern. Das resultierte daraus, dass im Vorjahr einige der größten Verbände (z.B. BIOLAND und DEMETER) ausgetreten waren (vgl. Roman 2002: 20). Er wurde aufgelöst und wenige Wochen später ein neuer Dachverband gegründet, der BÖLW. Roman schreibt in der ‚taz', dass sich mit dieser Neugründung auch die Schwerpunkte des Verbands änderten. Zuvor ging es vor allem um die Durchsetzung von Standards und Vorschriften in Bezug auf die Produkte, nun etablierte sich der Dachverband auch stark in der Agrarpolitik (vgl. Roman 2002: 20). Im Jahr 2002 sorgte die wirtschaftliche Lage in der BRD dafür, dass es mit dem Fortschritt der nachhaltigen Landwirtschaft nicht mehr so gut voranging wie noch im Vorjahr durch die BSE-Krise. Dennoch konnte ein Zuwachs, sowohl an ökologisch bewirtschafteter Fläche, als auch an der Zahl der Bio-Betriebe verschrieben werden. Dieser ist, wie in Abbildung 4 und 5 zu sehen, jährlich stark zu beobachten. Die Akteure der nachhaltigen Landwirtschaft werden, laut Willer und Schmid, sowohl auf nationaler als auch auf europäischer Ebene nach und nach immer selbstverständlicher. Dies führt dazu, dass sie bei agrarpolitischen Fragen, Aktionsplänen oder Biogesetzgebung hinzugezogen werden (vgl. Willer/Schmid 2016: 28).

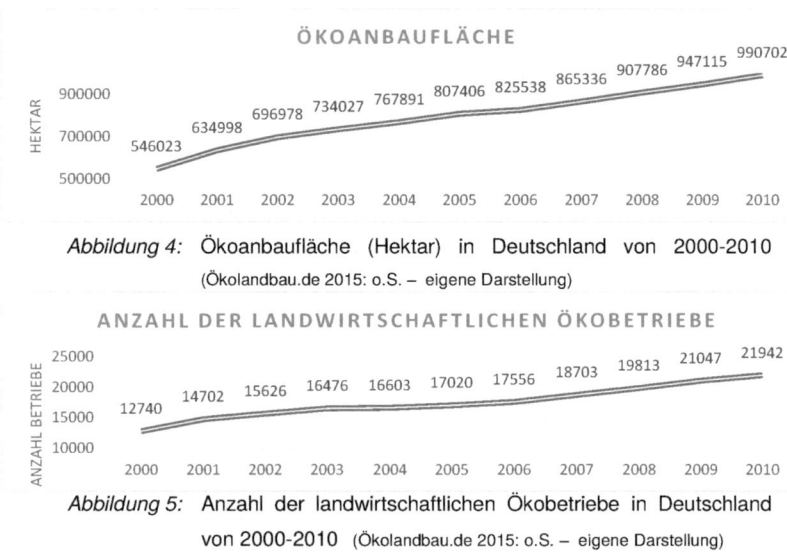

Abbildung 4: Ökoanbaufläche (Hektar) in Deutschland von 2000-2010
(Ökolandbau.de 2015: o.S. – eigene Darstellung)

Abbildung 5: Anzahl der landwirtschaftlichen Ökobetriebe in Deutschland von 2000-2010 (Ökolandbau.de 2015: o.S. – eigene Darstellung)

4.4. Einbeziehung der drei Phasen in die MLP

4.4.1. Phase 1 (1960-1989)

In der ersten beschriebenen Phase befand sich die nachhaltige Landwirtschaft noch immer ausschließlich in ihrer Nische. Jedoch wurde sie nun – anders als in den Jahrzehnten zuvor – von Netzwerken kleiner Akteursgruppen unterstützt. Es gründeten sich zahlreiche kleine Verbände und ein Dachverband welche die Neuerung des ökologischen Landbaus unterstützen und den Versuch starteten das Konzept gesellschaftsfähig zu machen. Das vorherrschende Agrarregime der konventionellen industriellen Landwirtschaft grenzte das neue Konzept aus ihren Strukturen aus und gab ihm keinen Handlungsspielraum auf seiner etablierten gesellschaftlichen Ebene. Innerhalb der Gesellschaft fanden sich bis dahin nur kleine Unterstützergruppen. Der Mainstream lehnte die neuen - größtenteils als ‚Hippie-Trend' bezeichneten – Entwicklungen ab.

4.4.2. Phase 2 (1990-1999)

Durch die lange Zeit in der Nische, hatte die nachhaltige Landwirtschaft die Möglichkeit sich losgelöst von den Marktmechanismen auszuprägen. Durch Investitionsträger gelang es ihr sich weiterzuentwickeln und zu strukturieren. Durch diese Selbstorganisation gelang es ihr, in der zweiten Phase, eine breitere Anhängerschaft zu gewinnen. Mit der neuen Strukturierung gelang zunehmende Institutionalisierung und Anpassung an das bestehende Regime. Sie schaffte es im landwirtschaftlichen Ausbildungssystem Fuß zu fassen was ihr breitere gesellschaftliche Akzeptanz verschaffte. Übergreifende Entwicklungen in der Landscape, wie die Wiedervereinigung Deutschlands, führten, unter anderem, zu einem gesellschaftlichen Umdenken und einer allgemeinen neuen Strukturierung in der BRD. In der Politik wurden in Bezug auf Bio-Produkte einige Verordnungen festgelegt. Durch diese neuen Regelungen wurde das bisherige Misstrauen gegenüber solcher Produkte weitgehend getilgt, da nun strenge Vorgaben in Bezug auf Herstellung und Standards bestanden. Diese politischen Neuerungen änderten die Struktur der soziotechnologischen Landschaft – Landscape. Das Regime und dessen Akteure hatten keinen Einfluss auf diese Veränderungen. Diese externen Einflüsse setzten das bestehende Regime unter Druck und öffneten für den ökologischen Landbau ein „window of opportunity". Dieses resultierte sowohl aus den Entwicklungen in der Nische als auch aus den Veränderungen in der soziotechnologischen Landschaft. Es führte zur Verbesserung der öffentlichen Wahrnehmung von Bio-Produkten und der nachhaltigen Landwirtschaft allgemein. Die neuen Konzepte bekamen so die Möglichkeit in das Regime mit eingefasst zu werden und dieses musste sich dementsprechend anpassen. Dies wird vor allem im bereits erwähnten starken Zuwachs an ökologisch bewirtschafteten Agrarbetrieben deutlich.

4.4.3. Phase 3 (2000-2010)

Ab 2001 nahm die ökologische Landwirtschaft eine Art Vorbildfunktion ein und wurde zum festen Bestandteil einer deutschlandweiten Nachhaltigkeitsstrategie. Auf politischer Ebene wurde es als immer wichtiger angesehen, die Konsumenten aufzuklären, die Forschung in diesen Bereichen voranzutreiben und den Verkauf zu fördern. Dies führte dazu, dass die neue Konfiguration in Form des ökologischen Landbaus sich durchsetzte und zu Anpassungen im Regime führte. Diese dritte Phase ist die der Stabilisierung und Kanalisierung der Neuerung im vorhandenen System. Diese ist an den aufgezeigten, dauerhaft steigenden, Zahlen der ökologisch genutzten Agrarfläche und der Öko-Betriebe (Abbildung 4/5) klar zu erkennen. Das Schaffen und Erreichen von politischen Zielen auf unterschiedlichen Ebenen ist dabei ein sehr wichtiger Aspekt.

6. Persönliches Fazit

Die nachhaltige Landwirtschaft entwickelte sich in Deutschland im zwanzigsten Jahrhundert als Antwort auf die größer werdenden Probleme mit den industriellen Konzepten. Das Ziel dabei war es möglichst naturnah gesunde Lebensmittel zu erzeugen. Nach einer Jahrzehnte andauernden Zeit abseits des Marktes in einer Nische schaffte es der ökologische Landbau sich im vorherrschenden Regime zu etablieren. Ziel dieser Arbeit war es den Durchbruch der nachhaltigen Landwirtschaft zu analysieren. Seit 2001 war sie ein fester Bestandteil der deutschen Agrarpolitik. In dieser werden seitdem Maßnahmen zum Ausbau von ökologischem Landbau, durch Schritte wie das einheitlich eingeführte Bio-Siegel, weitreichend unterstützt. In Deutschland und anderen europäischen Ländern findet seitdem für jeden Bürger fast unübersehbar eine Art „grüne Wende" statt. Sei es bei den Essgewohnheiten oder der Stromerzeugung. Die BRD setzt auf Nachhaltigkeit. Die nachhaltige Landwirtschaft ist für mich ohne Frage eine Innovation, die sich, trotz langer Zeit in der sie nur in einer Nische überlebte, bundesweit durchgesetzt hat. In den neuen Bundesländern dauerte es zwar, aufgrund bereits erwähnter Aspekte, etwas länger, jedoch setzte sie sich auch dort durch. Mit der MLP lässt sich der Prozess den sie durchlaufen hat gut nachvollziehen. Im Laufe der Bearbeitung wurde ich mit den unterschiedlichsten Meinungen in der wissenschaftlichen Diskussion über den ökologischen Landbau konfrontiert. Aufgrund dieser Dimension, welche erst im Laufe der Bearbeitung ersichtlich wurde, erscheint es schwierig im Umfang einer Hausarbeit alle wichtigen, das Thema betreffenden, Aspekte zu berücksichtigen und auf diese einzugehen. Aus diesem Grund war es nicht möglich alle Punkte der MLP und alle Aspekte der nachhaltigen Landwirtschaft diesbezüglich zu betrachten. Die Arbeit soll somit nur den Anforderungen eines Überblicks zu diesem weitreichenden Themenkomplex gerecht werden und die Möglichkeit zu weiteren Reflexionen bieten.

Ich bin zu dem Ergebnis gekommen, dass die nachhaltige Landwirtschaft als eine erfolgreiche Innovation betrachtet werden kann. Es entwickelten sich mit der Zeit zahlreiche Zweige aus ihr, wie die solidarische Landwirtschaft oder andere Foodsharing Konzepte. Durch den, in den letzten Jahrzenten stattgefundenen, Wertewandel in unserer Gesellschaft bot sie die Lösung auf einige Umwelttechnische Probleme. Die MLP eignete sich meiner Ansicht nach sehr gut um den Prozess dieser Durchsetzung genauer zu betrachten. Meines Erachtens ist dieser Themenbereich wichtig für wissenschaftliche Analysen im agrarwissenschaftlichen und politischen Kontext. Durch die MLP kann es möglich sein, Zukunftsszenarien vorauszusagen und die Gesellschaft dadurch voranzutreiben. Sie kann genutzt werden um eventuelle Konflikte zu beheben oder zu mindern noch bevor sie entstehen. Allerdings muss dazu erwähnt werden, dass die MLP zurecht häufig für ihre ‚Biegsamkeit' in der Kritik steht. Aus diesem Grund halte ich weitere Reflexionen in diesem Bereich für ausgesprochen sinnvoll und ergiebig.

Literaturverzeichnis

Christen, Olaf/O'Halloran-Wietholtz, Zita (2002): Indikatoren für eine nachhaltige Landwirtschaft. Bonn: Schriftenreihe des Instituts für Landwirtschaft und Umwelt (Heft 3).

Christen, Olaf (1996): Nachhaltige Landwirtschaft ("Sustainable agriculture"). Ideen geschichte, Inhalte und Konsequenzen für Forschung. In: Berichte über Land wirtschaft (74), S. 66–86.

Deike, S./Pallutt, B./Melander, B./Christen, O. (2008): Long-term productivity and environmental effects of arable farming as affected by crop rotation, soil tillage intensity and strategy of pesticide use. A case-study of two long-term field experiments in Germany and Denmark. In: European Journal of Agronomy (29(4)), S. 191–199.

Geels, Frank W. (2007): Analysing the breakthrough of rock 'n' roll (1930-1970). Multi-regime interaction and reconfiguration in the multi-level perspective. In: Technological Forecasting and Social Change 74 (8), S. 1411–1431.

Geels, Frank W. (2002): Technological transitions as evolutionary reconfiguration processes. A multi-level perspective and a case-study. In: Research Policy 31 (8/9), S. 1257–1274.

Haccius, Manon/Schmidt Hanspeter (2013): Einführung. Die Grundsätze der EU Bio-Verordnung. In: Ministerium für Klimaschutz, Umwelt, Landwirtschaft, Natur- und Verbraucherschutz des Landes Nordrhein-Westfalen (Hg.): EU-Verord nung Ökologischer Landbau. Eine einführende Erläuterung mit Beispielen Er zeugung, Kontrolle, Kennzeichnung, Verarbeitung und Einfuhr von Öko-Produkten. Mit allen Gesetzes-und Verordnungstexten. 4. Auflage, S. 15–25.

*Küstermann, Björn/Christen, Olaf/Hülsbergen, Kurt-*Jürgen (2009): Modelling nitrogen cycles of farming systems as basis of site- and farm-specific nitrogen manage ment. In: Agriculture, Ecosystems and Environment (135), S. 70–80.

Ökolandbau.de (2015): Zahlen zum Ökolandbau in Deutschland. Hg. v. Ökoland bau.de - Das Informationsportal. Online verfügbar unter https://-

www.oekolandbau.de/service/zahlen-daten-fakten/zahlen-zum-oekoland bau/, zuletzt aktualisiert am 11.07.2016, zuletzt geprüft am 25.03.2017.

Oppermann, Rainer (2001): Ökologischer Landbau am Scheideweg. Chancen und Restriktionen für eine ökologische Kehrtwende in der Agrarwirtschaft. ASG-Kleine Reihe Nr. 62. Göttingen: Agrarsoziale Gesellschaft e. V.

Roman, Richard (2002): Nach der Auflösung die Fusion. Die ökologischen Anbauverbände haben den „Bund der ökologischen Lebensmittelwirtschaft" gegründet. In: taz 2002, 17.08.2002 (Ausgabe 6829), S. 20

Schaumann, Wolfgang/Siebeneicher, Georg. E/Lünzer, Immo (2002): Geschichte des ökologischen Landbaus. SÖL-Sonderausgabe 65. Bad Dürkheim: Stiftung Ökologie und Landbau.

Vogt, Gunter (2000): Entstehung und Entwicklung des ökologischen Landbaus im deutschsprachigen Raum. Bad Dürkheim: Stiftung Ökologie und Landbau.

Willer, Helga/Schmid, Otto (2016): Geschichte. In: Bernhard Freyer (Hg.): Ökologischer Landbau. Grundlagen, Wissensstand und Herausforderungen. 1. Auflage. Bern: Haupt Verlag, S. 22–43.

Willer, Helga/Lünzer, Immo/Haccius, Manon (2002): Ökolandbau in Deutschland. SÖL-Sonderausgabe 80. Bad Dürkheim: Stiftung Ökologie und Landbau.

BEI GRIN MACHT SICH IHR WISSEN BEZAHLT

- Wir veröffentlichen Ihre Hausarbeit, Bachelor- und Masterarbeit

- Ihr eigenes eBook und Buch - weltweit in allen wichtigen Shops

- Verdienen Sie an jedem Verkauf

Jetzt bei www.GRIN.com hochladen und kostenlos publizieren